AF602483

AUX OUVRIERS

de la Fabrique de Cardes Henry SCRIVE

SOUVENIR DU 20 JANVIER 1889

LILLE
Imprimerie du *Nouvelliste* et de la *Dépêche*

1889

AUX OUVRIERS

de la Fabrique de Cardes Henry SCRIVE

SOUVENIR DU 20 JANVIER 1889

LILLE
Imprimerie du *Nouvelliste* et de la *Dépêche*

1889

1795
1889
VIVE LA POINTE D'AIGUILLE
1806
Georges SCRIVE
27 ans
Albert SCRIVE
22 ans
Henry SCRIVE
20 jours
J. L'HOMME
35 ans
BLANCHARD
5 ans
Vital Douchez
48 ans
C. Dubus
62 ans
Lenoble
38 ans
Debert
36 ans
Farocquier
32 ans
A. Dubus
25 ans
Couturier
24 ans
Mme Blazy
34 ans
Mme Maton
29 ans
Mme Debert
11 ans
Mme Jacques
11 ans
Melle Autrope
10 ans
Alavoine
22 ans
Sœteman
20 ans
Marchand
18 ans
Vanackère
16 ans
Jacques
14 ans
Bigotte
13 ans
Valbecq Blondel
12 ans
Durot Sylvain Legrand
10 ans
Deroncourt Ad. Blondel
9 ans
Leplat Noé Duthoit Petit
8 ans
FÊTE
en l'honneur de CONSTANT DUBUS
DOYEN
des anciens ouvriers de la Fabrique de Cardes
HENRY SCRIVE
dans la salle du Château à St Maurice
20 Janvier, 1889.

Ouvriers et Ouvrières n'ayant pas huit ans de service :

Mesdames DARRAS.
LEMAIRE.
HIDOCQ.
BARRÉ.
Mademoiselle DUTHOIT.
Messieurs VANDENBROUCK.
BÉGHIN.
LEBLANC.
FLAMENT.
NOÉ.
HERPIN.
CAPELLE.
VILAIN.
GUILLUY.
HALLOY.
LEROY.

Messieurs J.-B. LEGRAND.
Henri LEGRAND.
GAVEAU.
VERJUS.
Désiré HERPIN
SOREZ.
BEULQUE.
MOREAU.
SANSÉ.
MAQUET.
ALAVOINE fils.
TOUSSAINT.
BOULANGER.
BRIDOU.
Alfred DOUCHEZ.

Une touchante fête réunissait, le dimanche 20 janvier 1889, au *Château*, à Saint-Maurice, les ouvriers de MM. Georges et Albert Scrive, chefs actuels de la maison Henry Scrive, autrefois Scrive frères, fondée en 1795, pour la fabrication des cardes.

Cette fête était donnée en l'honneur des deux plus anciens serviteurs qui viennent d'être l'objet d'une distinction spéciale de M. le Ministre du commerce : MM. Constant Dudus, doyen de la fabrique, où il est occupé depuis soixante-deux ans, Vital Douchez, depuis quarante-trois ans.

MM. Lenoble, Debert et Varoquié, les plus anciens ouvriers de la fabrique, après eux, étaient aussi parmi les héros de la journée.

Suivant le programme organisé par MM. Scrive, les jeux divers ont été sucessivement l'objet de luttes joyeuses pour gagner les prix qui y étaient affectés. Pendant plusieurs heures l'entrain a été vif, et la gaieté s'est d'autant mieux soutenue que des chœurs ont été joyeusement chantés par les musiciens et les poètes de l'établissement.

A six heures, Madame veuve Henry Scrive, accompagnée de Monsieur et Madame Georges Scrive, Monsieur et Madame Albert Scrive, de Monsieur et Madame Edouard Six, de Messieurs Henri et Olivier Scrive, Fernand et Didier Scrive, Scrive-Bigo et ses petits-fils, Scrive-Loyer et ses fils, entra dans la salle où avait lieu la fête, accueillie par des bravos et un *vivat* chanté en son honneur.

Chacun prit place sur l'estrade ; sur une grande table, étaient placés les cadeaux offerts par Messieurs Georges et Albert à leurs vétérans.

Dans la salle parfaitement décorée, des chaises et des banquettes été préparées pour les ouvriers. Ils s'y placèrent par ordre d'ancienneté. Au premier rang et à la place d'honneur, était assis Constant Dubus, entouré de sa femme de ses enfants et de ses petits enfants. A côté deux se tenaient les trois autres héros de la journée, également entourés de leurs familles.

M. Georges Scrive ouvre la séance et prononce l'allocution suivante :

Mesdames, Messieurs.

Nous fêtons aujourd'hui les soixante-deux années de présence, comme on dit au régiment, de notre bon et dévoué Constant Dubus, dans la fabrique de cardes. J'ai déjà passé vingt-sept ans avec lui et je puis dire, à sa louange, qu'il m'a toujours donné de bons avis et en même temps de bons conseils à ses collègues. Dieu lui a donné un cœur assez large pour se dévouer à ses patrons et à ses camarades.

Mon frère et moi sommes heureux de pouvoir, en cette occasion, vous réunir tous aujourd'hui, et, pour qu'il reste à notre ami Constant un souvenir de cette fête, je le prie de vouloir recevoir, des mains de ma mère, qui a su apprécier ses qualités et ses services pendant les dix années qu'elle a passées au bureau, un cadeau qu'elle sera heureuse de lui remettre en notre nom.

Nous désirons aussi donner aux plus anciens d'entre vous, c'est-à-dire à Vital Douchez, Lenoble, Debert et Abdon, un souvenir de cette fête, et, en les remerciant de leur dévouement, nous leur demandons de nous rester fidèles jusqu'au bout de leur carrière, en espérant que vous suivrez tous leur exemple.

Comme dans les bons ménages les cadeaux se partagent entre maris et femmes, et que ceux que nous avons remis aux anciens ne peuvent être partagés, Mesdames Georges et Albert se font un plaisir d'offrir à Mesdames Dubus, Douchez, Lenoble et Debert des souvenirs qu'elles leur destinent, à l'occasion de cette fête.

Enfin, je prie Mesdames Blary, Mathon, Darras, Lemaire, Jacques, Barré, Hédoc, Mesdemoiselles Duthoit, Joséphine Antrope et Blary de venir près de nous pour recevoir, elles aussi, un souvenir ; quant aux hommes, ils en trouveront un tout à l'heure sous leur serviette, en se mettant à table, au moment du banquet.

M. Vital Douchez prend à son tour la parole au nom des ouvriers :

Messieurs Georges et Albert Scrive,

Ce n'est pas sans émotion que nous vous remercions pour les souvenirs que vous venez de nous offrir si gracieusement et pour les paroles bienveillantes que vous venez de nous adresser.

Nous en sommes heureux et touchés à la fois. Nous sommes fiers, croyez-le bien, de faire partie du personnel de l'un des plus anciens et des plus importants établissements du nord de la France ; nous nous félicitons d'avoir travaillé pendant une période d'années aussi longue dans la maison Scrive, car nous avons toujours trouvé chez nos patrons la sollicitude qui donne la confiance et le courage, cette sympathie bienveillante qui relève l'ouvrier et qui fait qu'il s'attache à celui qu'il ne considère pas comme un maître qui impose, mais comme un bienfaiteur qu'il aime.

Mes collègues Dubus Constant, pendant 62 ans, Lenoble Henri, pendant 38 ans, Debert Alexandre, pendant 33 ans, et moi durant 42 ans, nous avons connu et apprécié le courant cordial qui fait la satisfaction du patron et le bonheur de l'ouvrier.

Aussi conseillons-nous aux jeunes compagnons qui appartiennent à votre établissement de suivre notre exemple, ils y trouveront ce que nous avons trouvé : le travail qui apporte le bien-être dans la famille, l'estime de leurs patrons et un jour la distinction honorifique dont nous venons d'être l'objet de la part du Gouvernement, distinction qui met au cœur la sérénité du devoir accompli et qui est comme le couronnement d'une vie laborieuse et honnête.

En terminant, Messieurs, permettez-nous de vous dire que la meilleure garantie de l'avenir, c'est le passé, et que la maison Scrive peut toujours compter sur le zèle et le dévouement de ses anciens et fidèles serviteurs.

Après ces discours très applaudis, M. Scrive-Loyer s'adresse en ces termes aux ouvriers :

Mes Amis,

C'est une touchante cérémonie que celle qui nous réunit aujourd'hui. C'est la fête du travail, c'est la fête du dévouement, la fête de l'affection, la fête de la reconnaissance. Sur la demande de vos patrons, le Ministre du commerce, notre concitoyen, M. Pierre Legrand, a accordé deux médailles spéciales aux deux plus anciens ouvriers de la fabrique de cardes. Le doyen, CONSTANT DUBUS, est le collaborateur de MM. SCRIVE depuis soixante-deux ans. De quelle continuité d'efforts, de quelle suite de peines et de travail, est constituée une existence consacrée tout entière au labeur industriel ! Pour ma part, je ne connais rien de plus respectable que la vie de l'ouvrier qui remplit ponctuellement sa tâche quotidienne, non seulement pour gagner le pain de sa famille, mais avec dévouement et affection, contribuant à la prospérité de sa fabrique en s'y intéressant, au point de faire, pour ainsi dire, partie de la famille de ses patrons. N'est-ce pas raconter en quelques mots, mes amis, l'existence de CONSTANT DUBUS ? Il semble que lorsqu'on parle d'un vieux serviteur, ayant passé une période aussi longue dans une maison, on va voir apparaître un vieillard courbé sous le poids des ans, au visage parcheminé, à la tête blanchie et chenue, et ne marchant « *qu'à crochettes* », comme on dit à Lille. Eh bien, non ! Regardez notre lauréat, et vous verrez que, sans être de la première jeunesse, il a encore bon pied, bon œil, et qu'il est disposé à continuer longtemps encore sa carrière *à peine entamée*. Il faut vraiment croire que le régime de la carde en fil de fer est un excellent ferrugineux qui fortifie le tempérament, et qu'il donne à ceux qui la manient un brevet de longue vie.

Constant n'a pas seulement le mérite d'être resté pendant soixante-deux ans dans la même fabrique. Il y a donné l'exemple de l'assiduité, du zèle et du dévouement, et il a mis toute l'énergie dont la nature l'avait doué au service de son devoir professionnel. Ce n'est pas seulement la quantité, mais encore la qualité de sa coopération qui en a fait un auxiliaire précieux pour les patrons qui se sont succédé dans la fabrique de cardes. Simple et modeste, il a donné le bon exemple, le meilleur exemple !

Si le proverbe dit qu'il suffit d'un fruit gâté pour faire pourrir tout un panier, on peut avec autant d'exactitude affirmer qu'il suffit de quelques fleurs pour embaumer tout un appartement. Constant sourit de ce que je le compare à une rose. Certes, l'image est fade pour ce rude travailleur, mais je la maintiens pour faire comprendre l'influence que les braves gens comme lui exercent sur leurs camarades. Moi, qui le connais depuis ma plus tendre enfance, j'ai été heureux de l'embrasser quand j'ai appris la distinction nouvelle dont il avait été l'objet; mais à mes félicitations, il m'a immédiatement répondu : « C'est un bonheur de travailler pour des patrons » comme Messieurs SCRIVE; si l'ouvrier est récom- » pensé pour avoir passé de longues années à leur » service, eux aussi, ils méritent beaucoup de » reconnaissance. » C'est pourquoi, connaissant l'intention de Madame HENRY SCRIVE de vous réunir à sa maison de campagne pendant le mois de juin, *il m'avait prié d'être son interprète* près de Madame HENRY et de MM. GEORGES et ALBERT, pour leur exprimer toute sa reconnaissance des témoignages d'affection qu'il en avait reçus, de la bonté et de la bienveillance qu'il a toujours trouvées près d'eux. C'est donc en son nom que je viens prendre la parole aujourd'hui, puisque, vous le savez, une douloureuse circonstance a forcé la famille de vos patrons à reporter au mois de janvier la fête des ouvriers de la fabrique de cardes. N'ai-je pas, d'ailleurs, le droit d'être son porte-parole, puisque je suis l'un de ses plus anciens camarades? Vous allez être bien surpris d'apprendre que je suis aussi un ancien ouvrier de la carde : aux jours de ma jeunesse, j'allais, dans mes heures de récréation (quand je n'étais pas puni), couper du cuir avec mon excellent père, que bon nombre d'entre vous ont connu. C'était alors une grande affaire que de couper le cuir : les patrons seuls s'occupaient de cette besogne importante, et mon père, adroit et travailleur, passait plusieurs heures par jour dans la « corroyerie ». Maintenant, tout cela est changé, tout cela est perfectionné ; le cuir, souvent irrégulier, ne donnait que des cardes imparfaites, bien inférieures à celles en caoutchouc ou en drap feutré, à pointe d'aiguille qui sortent aujourd'hui des ateliers de la maison Henri Scrive.

A cette époque, Constant, déjà vétéran dans la maison, puisque je vous parle de 1845, veillait attentivement à ce que je ne pusse me blesser en touchant aux grands couteaux coupant comme des rasoirs, dont se servait mon père, et c'est grâce à sa sollicitude que je ne suis pas devenu, à la fleur de mon âge, un précoce *invalide du travail*. Il y avait déjà dans la fabrique de vieux serviteurs dont je me rappelle volontiers les physionomies. L'un d'eux, le vieil Etienne Guilmant, était légendaire, c'était le commissionnaire de la maison et le chargé d'affaires de toutes les dames de la famille. Un dessin du caricaturiste Dantan jeune, ami intime de M. Henri Scrive, nous le représente dans l'exercice de ses fonctions de « factotum ». Comme ses deux bras étaient insuffisants pour porter les multiples paquets confiés à ses bons soins, il ne sortait jamais sans pousser devant lui une brouette, où l'on voyait réunis, dans une fraternelle étreinte, les rubans de cardes qu'il devait déposer chez les filateurs de la ville, les paquets de linge, les provisions de ménage, les paniers contenant parfois des jeunes chats voués à l'onde noire de la Deûle, le tout surmonté d'un gros marmot de la famille, qu'il conduisait en classe, solidement amarré avec une courroie pour ne pas chavirer en route. Cela ne l'empêchait pas de porter, sous les bras, les pains sortant du four du boulanger, et les bottes de carottes destinées aux pot-au-feu des différents membres de la famille. Ancien vétéran des armées de Napoléon, de même que ses camarades Joseph Demande, Auguste Waresquel, Joseph Lecieux, Baptiste Hauttecœur, Aimable Malo, Charles Walbecq, ils portaient fièrement à la boutonnière les médailles militaires et civiles qui prouvaient qu'ils avaient été aussi bons soldats que bons ouvriers. Rien n'était plus intéressant pour moi que d'entendre raconter par ces soldats de la Grande Armée toute l'épopée militaire à laquelle ils avaient pris part. Je contemplais avec admiration leurs blessures, et je frémissais au récit des horreurs dont ils avaient été témoins et victimes dans la retraite de Russie, d'où quelques-uns étaient revenus avec les pieds et les mains gelés. Quand les infirmités les empêchèrent de continuer leur travail, ils prirent leurs invalides au milieu de nous et devinrent ce que vous appelez, en riant, *les rintiers d' l' fabrique*. Nous avons conduit successivement à leur dernière demeure tous ces camarades, qui, une fois entrés dans la maison SCRIVE, n'en sont plus jamais sortis. D'ailleurs, lorsqu'on l'avait quittée, on y trouvait encore bon accueil quand on y revenait. J'en citerai comme preuve CHARLES DATTIGNY, qui se trouve ici même, sur cette estrade, à titre de doyen honoraire. Si nous examinons la date de son entrée à la maison, il est de 12 ans le « *grand ancien* » de CONSTANT, mais il nous a quittés pendant plusieurs années pour s'établir lui-même fabricant de cardes. Il aurait soixante-treize années de service, s'il n'y avait pas eu d'interruption, mais avec sa sortie elles se trouvent réduites à une quarantaine d'années. Il a pris sa retraite depuis quelques mois, et goûte le repos qu'il a gagné par une vie un peu mouvementée, mais qui a toujours été des plus honorables.

Vous êtes la preuve, mes amis, que ces traditions ne se sont pas perdues et que, quoi qu'en disent les esprits malveillants qui sèment la zizanie entre patrons et ouvriers, il suffit de se rapprocher pour que les défiances fassent place à la sympathie. Les patrons et les ouvriers peuvent encore, soyons-en bien convaincus, s'estimer, s'aimer et se dévouer les uns aux autres *comme au bon vieux temps*, ainsi que me le disait tout à l'heure l'un de vous, parlant avec son cœur. Je connais bon nombre d'entre vous, et j'ai moi-même une grande fabrique à Marquette, ce qui me permet de parler avec compétence de l'esprit qui vous anime. Pleins de bonne humeur, de verve gauloise, vous accordez volontiers votre confiance à celui qui sait toucher votre cœur, et que vous considérez comme un homme *humain* et JUSTE, mais vous la retirez à celui qui veut vous imposer sa volonté.

Votre fabrique, mes amis, a toujours tenu le premier rang dans son industrie. C'est le seul qui subsiste aujourd'hui des vingt établissements du même genre qui existaient à Lille il y a cinquante ans. Fondée en 1795 par M. SCRIVE-PERRIER, avec le modeste capital qui suffisait lorsque le travail manuel était le seul connu, elle s'est lentement mais progressivement développée, grâce à la bonne entente des deux fils ANTOINE SCRIVE-LABBE et DÉSIRÉ SCRIVE-CRESPEL, aidés de leur famille. Lorsque, quelques années plus tard, les guerres glorieuses du premier

Empire eurent rempli notre citadelle de prisonniers appartenant aux armées que nous avions vaincues, c'était au travail facile des cardes faites à la main qu'on les occupait. Dès 1806, c'est-à-dire onze ans après la fondation de la maison, une médaille d'argent, décernée par Sa Majesté Napoléon Ier constatait la supériorité de ses produits. A mesure que la filature de coton se développait, la production manuelle des cardes se développait parallèlement, et il y avait à Lille un grand nombre de petits ateliers installés dans des greniers ou des caves.

Mais cette prospérité fut atteinte en 1820, par l'invention d'une machine anglaise qui produisait la carde par des procédés mécaniques. Tout d'abord on n'y voulut pas croire. Etait-il vraiment possible qu'une machine fût assez intelligemment conçue pour pouvoir couper le fil de fer à la longueur convenable, piquer la plaque ou le ruban de cuir, y faire pénétrer la dent, lui donner le *croc* nécessaire, se déplacer de quelques millimètres, pour loger la dent suivante, en un mot remplacer d'un seul coup toutes ces opérations compliquées exigeant une habileté que pouvait seul donner le tour de main d'un ouvrier consommé ? Cela n'était, hélas, que trop vrai ! La fabrication à la main était frappée sans rémission. Ses heures étaient comptées. Mais... oh ! puissance du génie, de la volonté, de la persévérance humaine, cette industrie, perdue, condamnée à mourir par la sinistre concurrence anglaise, favorisée par une puissante législation douanière (qui frappait de mort les exportateurs des machines anglaises), fut sauvée par l'indomptable énergie de notre aïeul M. Scrive-Labbe. Il partit pour l'Angleterre, et, au prix d'efforts surhumains dont nous trouvons le détail dans la correspondance échangée avec son frère aîné, il ramena en France pièce par pièce la précieuse machine. Doué d'un remarquable esprit d'initiative, d'un courage qui lui faisait braver les plus grands dangers, puisqu'il s'agissait de la vie, il arracha à l'Angleterre ses secrets. Il fut alors possible de lutter contre l'étranger et de regagner le terrain perdu. Dans la même année, il vint s'établir rue du Lombard, dans le bel hôtel des comtes de Lagrandville, intendants de Flandre avant la Révolution.

Il y construisit des ateliers pour y installer ses merveilleuses machines mises en mouvement par la première machine à vapeur qui ait fonctionné à Lille. Depuis soixante-neuf ans, elles accomplissent leur labeur quotidien, réglées comme des horloges produisant avec une précision et une régularité intelligentes un travail parfait.

A cette époque, mes chers amis, c'était une fabrique extraordinaire, que l'atelier de cardes de MM. Scrive frères ; aussi, quand un grand personnage s'arrêtait à Lille, on le lui montrait comme l'une des curiosités les plus intéressantes de la ville.

Le roi Charles X inaugura, le 8 septembre 1827, la série des visites royales. Voici comment s'exprime l'historien Du Rozoir, dans sa *Relation du voyage de Sa Majesté Charles X dans le Nord :* « Le roi » voulut voir la fabrique de cardes de MM. Scrive » frères. Il parut vivement s'intéresser aux machines » à confectionner les plaques et rubans de cardes » par un nouveau système que l'un de ces habiles » fabricants a, au péril de sa vie, importé d'Angle» terre en 1820 et qu'il a amélioré. Sa Majesté a » admiré toute la perfection de leur tréfilerie ; la » préparation des peaux avant qu'elles puissent être » mises sur les métiers pour y être boutées en fil » de fer a aussi captivé son attention. Le roi, en » sortant a adressé les paroles les plus flatteuses à » MM. Scrive, dont les produits ont été si honora» blement distingués à la grande exposition du » Louvre ». Il ajoute que « Sa Majesté a voulu faire » mouvoir elle-même les rouages compliqués d'une » machine à fabriquer les cardes. Elle saisit effecti» vement la manivelle, et parut prendre plaisir à la

» faire tourner pendant quelques minutes. La partie » du ruban de carde élaborée par ses royales mains » fût aussitôt marquée et envoyée le lendemain au » palais de la Préfecture, où Sa Majesté était » descendue. Elle permit même, à son départ, qu'on » plaçât ce ruban dans sa voiture. » Si je vous donne tous ces détails sur cette visite royale, mes chers amis, c'est que la même narration peut s'appliquer aux autres visites des souverains qui se sont succédé sur le trône fragile de notre cher pays.

En 1830, le roi Charles X fût renversé et Louis-Philippe fut proclamé roi des Français. Accompagné de son auguste famille, c'est-à-dire de la douce et vertueuse reine Marie-Amélie, de sa fille Louise, reine des Belges, de son gendre Léopold Ier, roi des Belges, des princes d'Orléans, de Nemours, de Joinville, des princesses Adelaïde, Marie et Clémentine d'Orléans, Louis-Philippe visita la fabrique le 15 janvier 1833. Ce fut encore un jour glorieux pour vos prédécesseurs, quand les voitures de la Cour, aux acclamations de nombreux spectateurs, amenèrent rue du Lombard cette suite de grands personnages.

Toute la famille royale, après la visite de la fabrique, vint prendre des rafraîchissements dans les salons de M. et Mme Scrive, entourés de leurs six fils, et la reine Marie-Amélie passa autour du cou de Mademoiselle Laure Scrive, qui épousa plus tard M. Mimerel, une chaîne d'or enrichie d'améthystes, à laquelle une montre était attachée.

Après un règne heureux et prospère de dix-huit ans, Louis-Philippe fut à son tour chassé de France. C'est que le peuple français, qui se dit le plus spirituel et le plus intelligent des peuples, est bien celui qui est le plus incapable de se gouverner et le plus difficile à conduire de toute l'Europe !

C'est là notre seul défaut, c'est la *paille* dans notre fil de fer ! Moins bien réglée que votre machine à cardes, lorsque le « *pied court* » arrive dans la machine politique, au lieu de s'arrêter doucement jusqu'à ce que la main du régleur vienne remédier au mal, l'autre se disloque, se détraque, se brise, et on la jette au vieux fer. Il faut alors attendre plus ou moins longtemps que de nouveaux constructeurs l'aient remplacée et la fabrique est en chômage, au grand préjudice des ouvriers qui n'en peuvent mais. Nous ne parlons pas politique ici, pas plus que dans nos ateliers, mais nous pouvons, souhaiter que nos braves députés mettent la main sur un fil de fer sans défaut. Il en est grand besoin !

La révolution du 24 février 1848 nous fit passer

sous le régime républicain, et quelques années plus tard, la France, déjà fatiguée de ce nouveau gouvernement, acclama Napoléon III, neveu et héritier du grand capitaine.

En 1853, le 24 septembre, Napoléon vint à Lille et voulut, à son tour, visiter la fabrique de cardes, accompagné du général de Montebello, du colonel Fleury et d'un nombreux cortège d'officiers.

Ici, mes amis, je ne puis passer sous silence un incident touchant qui va vous faire connaître l'affection qui unissait les six frères Scrive. C'était M. Henri qui dirigeait la fabrique de cardes, mais, au moment où il allait en faire les honneurs à l'Empereur, il apprit d'un chambellan que Napoléon III avait l'intention de donner la croix de la Légion d'honneur à l'un de ces messieurs Scrive. M. Henri n'était que le troisième fils de la famille, il ne voulut pas de cet honneur qui, dans sa pensée, devait appartenir à son frère et associé Jules, créateur de l'usine de Marquette, où il avait fondé de nombreuses institutions de bienfaisance. M. Henri lui laissa le soin de guider le souverain à travers la fabrique. Je ne veux pas faire la satire de notre temps, mes amis, mais je ne sais si l'on trouverait, à notre époque de « *lutte pour l'existence* » et du chacun pour soi, un autre exemple de désintéressement accompli avec une bonne grâce aussi naturelle. Ce sont de semblables traits qui montrent, mieux que de grandes phrases, la noblesse des cœurs, et je crois rendre hommage à la vérité en disant: oui, c'était une belle famille celle qui satisfaisait aux trois grandes lois humaines, du travail, du devoir et de l'affection! Lors de l'Exposition de 1867, ce fut le tour de M. Henri de recevoir la croix de la Légion d'honneur que, par un noble scrupule de dévouement fraternel, il n'avait pas cru devoir accepter en 1853. C'était une juste récompense accordée à l'un des membres les plus actifs de la maison qui s'était toujours fait remarquer par son dévouement pour la classe ouvrière, car, bon nombre d'entre vous se rappellent que MM. Jules et Henri furent, à plusieurs reprises, les organisateurs et les directeurs des œuvres de bienfaisance dites « *Cortège des Fastes de Lille* », dont les recettes ont servi à fonder l'Œuvre des Invalides du travail.

Nous voici arrivés, mes amis, à la période actuelle de l'histoire de votre fabrique. Vous savez tous avec quels efforts courageux MM. Georges et Albert luttent contre la concurrence étrangère. Vous savez que, dignes successeurs de leur grand-père et de leur père, ils ont constamment amélioré leur matériel, développé leur clientèle et maintenu le travail de leurs ouvriers. Puisse l'avenir les récompenser de leurs peines, avec la collaboration de M. LHOMME qui, depuis trente-cinq ans, dirige la fabrique avec tant de zèle et dévouement ! Puissent vos enfants trouver près de M. HENRI SCRIVE, qui entre aujourd'hui dans les affaires, et qui assiste, le cœur ému, à cette fête du travail, une existence laborieuse et honorable. Dans votre fabrique ce ne sont pas seulement les cardes qui sont *à pointes de diamant*, les cœurs sont aussi d'une matière précieuse.

Aussi, tout en restant dans les limites de la discrétion la plus grande, pour ne pas blesser la modestie des grand-mères, des mères, des femmes de vos chers patrons, souhaitons tous ensemble, pour votre futur chef, une compagne aussi bonne et aussi dévouée qu'elles aux Œuvres de Charité maternelle, aux Écoles chrétiennes et à bon nombre d'autres œuvres.

Je m'arrête, car il ne me serait pas permis de soulever le voile sous lequel se cachent des vertus d'autant plus méritoires qu'elles sont plus discrètes, mais j'ai parlé en *votre* nom, mes amis, et surtout en celui de *notre brave Constant*, qui a suivi presque toutes les étapes parcourues par la maison SCRIVE.

Je n'ai fait que traduire ses sentiments d'affection

et de reconnaissance pour ses patrons successifs, et je suis sûr d'être l'interprète de sa pensée, en souhaitant une longue existence de prospérité pour la fabrique de cardes où il a rendu tant de services, et où nous espérons le voir encore longtemps !

Vive CONSTANT DUBUS, le doyen !

Vivent les vieux OUVRIERS !

Vivent les PATRONS de la Fabrique de cardes !

Après cette causerie, M. J. LHOMME, directeur de la fabrique, offre un bouquet à CONSTANT DUBUS, en lui disant :

MON CHER DOYEN,

Après les paroles que vous venez d'entendre et qui résument si bien votre existence par ces mots : probité, travail et dévouement sans bornes. Je ne puis que venir vous exprimer les vœux que je forme pour votre bonheur, et l'espoir que vous pourrez longtemps encore mettre toutes vos qualités, vos vertus, au service de nos patrons.

Veuilliez accepter ce bouquet comme gage de mon estime et de ma sincère amitié.

Cette première partie de la Fête étant terminée, les poëtes de l'établissement eurent la parole.

Accordant sa lyre, M. Fleury LEPLAT dit sa « *Canchon* » en l'honneur des anciens ouvriers à la fabrique de cardes Henri SCRIVE, sur l'air de *Madame Angot* :

1er COUPLET

Au sujet d' cheull' biell' fiète,
Qu'on est tous rassemblés,
Si vous volez l' permette,
J' vas canter quéques couplets.
J' queminch'ré m' canchonnette
Par parler du doyen,
J' pariros eun' canette
Que tout l' monde s'ra contint.

2e COUPLET

D'puis dix-huit chint vingt-siept,
L' doyen euffe dins l' masón.
Il a jamais fait d' boulettes,
Ni d' tort à nos patrons.
Il a rindu des services
A bien des ouveuriers ;
J' trouve que ch'est eun' justice
Qui vient d'ête médaillé !

3e COUPLET

Quarante-deux ans d' services,
L' sous-doyen a d'jà fait ;
A toudis été fixe
Pour l'heure des ouveuriers.
Aussi pou s' bonne conduite
Est médaillé aussi,
Chétot bien sin mérite
Aussi je l'applaudi.

4e COUPLET

L' doyen du « rhabilliache »,
Ch'est un homme comme i faut ;
Inteur sin montache,
Il apprint les nouviaux.
A trinte-six ans d' présince
Ch' l'homme n'a jamais manqué,
J' cros bien que s' récompinse
Va bientôt arriver.

5e COUPLET

L' pus ancien du « réglache »,
Ch'est Debert l' frisé ;
Quand il est à l'ouvrache,
I' n' rit qu' quand il est gai.
J' peux vous dire ch'est un homme
Qu'on n' peut rien li r'procher,
I' n' fait tort à persenne
Ch'est un homme bien réglé.

6e COUPLET

L' pus ancien du « soignache »,
Ch'est Abdon, l' vieux croup-chou ;
Ch'est un homme de corache
Et on l' vo jamais sou.
Ches tros hommes que j' viens d' dire,
Pour la fin de ch' l'année,
Nous s'rons tous joyeux d' vir
Deux pour sûr médaillés.

7e COUPLET

Pour les patrons, ch' t' eun' gloire
D' vir leu vieux ouveuriers,
Din cheull' fiète, rire et boire,
D' longtemps pourront s' rapp'ler.
Aussi, tout réjoui,
J' demande à les chochons
Qui fait'nt tertous comm' mi
D' crier : Viv' nos Patrons !

8e COUPLET

Allons, d'vant que j' m'arrête,
Faut que j' parl' du métier,
Et vous direz peut-ête
Que ch'est la vérité.
D'puis qu'on fait l' « pointe d'aiwille »,
Cha fait un grand mouv'mint;
Faisons tout not' possible.
Nos Patrons s'ront contints.

9e COUPLET

Tout vient vieux et tout canche ;
Mais pour mi, queull' corvée !
On m' dit, par un dimanche,
Que l' caudière va canger.
Ta mieux si elle est bonne !
Nous l'avons tant d'siré,
Mais bien souvent j' maronne...
Infin, j'in sortirai.

10e COUPLET

Allons, faut que j' m'arrête,
A min dixième couplet ;
Et j' cros bien que l' poète
N' s'ra point oublié.
Si m' canchon est bien faite,
J' cros vous m'applaudirez ;
Et si ell' vous imbiète,
Vous n'avez qu'à m' chiffler.

BIS POU L' DOYEN

J' vas parler du doyen.
Puisque vous m' faites rapp'ler,
Souv'nons-nous tous fort bien
Que l' trinte du mos passé,
Ch'est l' sixième récompinse
Que c' brav' homme a touchée.
Aussi, t'nez comme j'y pinse,
J' sus forcé d' l'imbrasser.

REFRAIN

Mes amis
Ch' t'un plaisi
De s' trouver tous les *chochons*. (1)
Cheull' biell' fiète,
Je l' répète
Ch'est eun' gloire pour nos Patrons !

Son camarade, Désiré Herpin, lui succède sur l'estrade et entonne aussi sa chanson :

---

(1) *Chochons* (Amis en patois de Lille).

LES BANQUETS DES CARDIERS
depuis 1850

Air du *Carnaval* (Desrousseaux)

REFRAIN

Queul honneur pou chés ouveuriers } *Bis.*
D'assister à tous chés banquets. }

1er COUPLET

Siège de la fabrique

Non, non, je n' cache point à l' critique,
Aussi vous allez in juger
Car j' n'ai jamais vu eun' fabrique
Pour avoir eu autant d' banquets.
Vous direz qu' j'ai eun' langue bavarde,
Mais pou l'bien, faut qu' je l' dis sans r'tard,
Ch'est d'sur cheull' grande fabrique de cardes
Qu'y a à Lille *rue du Lombard.*

2e COUPLET

Quatre anciens médaillés

Ch'queminche in dix-huit chint chinquante
Comme si l's anciens porrot s'rapp'ler,
Qu' leu bonne conduite qui faut que j' vante
Car y a eu quat' médaillés;
Chés patrons d' leu conduite si bielle
A tout l' fabrique ont fait d' l'honneur.
Combien qui a vindu d' rondelles,
L'*Courrier d'Arras*, rue des Tanneurs !

3e COUPLET

1re décoration : M. Désiré Scrive

In l'an chinquante, un décoré,
Pou l' première fos, v'là que ch' patron
A donné pou chés ouveuriers
Eun' grande tombola et d' biaux dons;
Après cha, pou l' réjouissance,
J' vous assure qui n'ont point bu d' liau;
Et fallot vir leus bielles prestances
D' tertout dansant au *Casino.*

4e COUPLET

2e décoration : M. Jules Scrive

Chinquante-tros a fait grande mervelle
Pour eul deuxième décoration,
Pour chés ouveuriers, bonne nouvielle,
Incor eun' grande récréation;
Criott' tertous : Que l' bon temps dure,
Ont incor tertous galopé,
Ch' cros point que l' *Nouvielle-Avinture*
Par chés anciens s'ra obliée.

5e COUPLET

Médaille d'or et croix d'officier de la Légion d'honneur de papa Scrive (1)

Chinquante cinq, d' chés patrons, eul père,
L'*Crox d'officier* a obtenue,
Et l' médal' d'or, queull' affaire,
Pour tout ses grands services rindus !
Aussi, vite, ouveuriers, ouveurières,
A Marcq ils ont dansé longtemps,
On eut, pour point grande route à faire,
Des omnibus à l' *Porte de Gand.*

6e COUPLET

Mariage de M. Georges Scrive

Après cha, soixante-chinq. Un mariache,
Toudis de l' famille des patrons.
V'la chés ouveuriers bien bénaches,
Pour euss bien boire du jus d'houblon ;
Aussitôt qu'à paru l' lune,
Et telmint qui n'ont point chifflé,
Presque tertous avott leu prune
Au café d' l' *Ville de Roubaix.*

---

(1) M. Scrive-Labbe, importateur de la machine à fabriquer les Cardes (1820); importateur des métiers à filer mécaniquement le lin (1832), nommé Chevalier de la Légion d'honneur en 1834. Doyen de l'industrie française, a fêté le jubilé de 50 ans de carrière industrielle en 1854, et de 50 ans de mariage en 1861. Il est décédé en 1864. Très populaire dans la classe ouvrière, tout le monde à Lille l'appelait affectueusement du nom familier de : Papa Scrive.

7e COUPLET

3e décoration : M. Henri Scrive

Chés ouveuriers aimant d' bien vivre,
Ont incor' trouvé l'occasion,
Car v'là soixante-sept qui arrive,
V'là eun' trozième décoration ;
Chaque ouveurier a eu sin prix,
Au moins d' six francs, l' pu p'tit objet
Y n'obliront jamais d' leu vie,
Leu plaisi à l'*Arche Noé.*

8e COUPLET

M. Albert ; son mariage

Suivant cha, incor' un mariache
A réuni cheull' fabrique-là ;
Ont bien boulotté, ch'to l'usage,
A l'*Arch'-Noé* incor les v'là.
Là, ont fait eun' vrai noce complète,
Feumant cigares comme des faquins,
Ils ont tell'mint bu des canettes,
Qu' gramint n'ont pu r'trouvé leu qu'min.

9e COUPLET

Notre doyen au Château

Allons, aujourd'hui v'là l' clôture,
Ch'est à l'honneur du bon doyen ;
A ch' *Château*, pour mi j' vous assure,
Qu' tout l' monde s'y amus'ra fin bien.
Y a des jus et puis de l' musique,
Des récompinses et à minger.
Personne n'attrap'ra des coliques,
Mais faut printe garde à sin pleumet.

10e COUPLET

Anniversaire des cent ans

Pour l'honneur de tous chés banquets,
Nous r'mercions tertous chés patrons,
Et tâchons tertous d' bien ouvrer,
Pour bien faire prospérer l' mason ;
Comme cha, dins chinq ans, bonne affaire,
N'y aura chint ans que l' fabrique va !
Vous verrez qu' pour l'anniversaire,
Mes brav' cardiers qu'on in goût'ra !

Il était sept heures.

Les convives se rangent autour d'une table très bien dressée, ornée de desserts variés et abondants, de tartes appétissantes, sur les bouteilles de vin étaient placés des drapeaux tricolores. Brillamment éclairée, cette table d'une centaine de couverts présentait un coup d'œil charmant.

Le dîner, qui était excellent, fut très joyeux.

Au dessert, M. LHOMME, directeur de la fabrique, s'est levé et a porté le toast suivant :

MESDAMES, MESSIEURS,

Permettez-moi de prendre la parole pour exprimer à nos patrons, MM. Georges et Albert SCRIVE, toute notre reconnaissance pour les sentiments qu'ils professent pour nous et les remercier en même temps de la belle fête qu'ils nous offrent aujourd'hui en l'honneur de notre cher doyen et de nos anciens camarades.

Nous savons tous apprécier les sentiments qui les guident, car c'est l'apanage de la maison SCRIVE de former en quelque sorte une famille avec ses serviteurs.

Quelle meilleure preuve pouvons-nous en avoir que la réunion à laquelle nous assistons ? Mais si elle rend hommage aux vieux ouvriers qui se sont attachés à elle, tout l'honneur lui en revient, cet attachement s'étant en quelque sorte imposé par l'aménité de caractère, les rapports amicaux et l'amour du travail dont ces Messieurs ne cessent de nous donner l'exemple. Ils sont bien, sous tous les rapports, les dignes continuateurs de leur père pour qui nous avons conservé un respectueux souvenir; il a su incarner chez les siens les sentiments qu'il pratiquait et qu'ils savent si bien appliquer à leur tour.

Vous connaissez tous la grande activité de M. Georges, rien ne l'arrête, ni peines, ni fatigues, pour continuer à la maison SCRIVE la grande renommée qu'elle s'est acquise dans l'industrie française et pour procurer à tous le travail qu'il est si difficile d'obtenir régulièrement aujourd'hui.

Il a, par son énergie et sa persévérance, doté la fabrique d'une source certaine d'alimentation en créant avec le concours et les soins de M. Albert, l'article dit : pointe d'aiguille. Si nous sommes en possession d'un article envié par tous nos concurrents, il a fallu, croyez-le bien, qu'il se fasse l'apôtre de ce nouveau genre de cardes, pour en faire connaître les avantages et pour l'imposer en quelque sorte. Nous pouvons dire aujourd'hui qu'il a créé un article destiné à apporter une amélioration notable dans le travail du cardage. C'est un nouveau fleuron à ajouter à la gloire de notre fabrique

Prenons donc tous l'engagement de l'aider, en ce qui est en notre pouvoir, à tenir bien haut cette réputation dont elle a à si juste titre le droit d'être fière, en espérant pour la nouvelle génération qui se lève, que nos enfants pourront plus tard à leur tour assister à une fête de famille comme celle à laquelle nous avons le bonheur d'assister aujourd'hui.

M. Georges Scrive a chaudement remercié M. Lhomme des services inappréciables qu'il lui a rendus depuis trente-cinq ans, en suivant d'ailleurs les exemples de dévouement et d'affection que M. Lhomme père avait précédemment donnés, et M. Scrive ajoute que les ouvriers qui ont travaillé sous cette première direction en ont gardé le meilleur souvenir.

Après ces toasts, chaleureusement applaudis, chaque convive a chanté, soit une romance, soit une chansonnette, et tout le monde a accompagné les refrains. Il nous serait trop long d'énumérer ce que chaque convive à chanté, qu'il nous suffise de dire, que patrons et ouvriers fraternisaient avec le plus grand entrain jusqu'à l'heure de la séparation.

Le poète Leplat dont la verve est intarissable a envoyé le lendemain à ses patrons un remerciement rimé, qui résume les impressions des cardiers sur leur banquet.

LE BANQUET DU 20 JANVIER 1889

Air du *P'tit Jésus*

1er COUPLET

On s' rappell'ra quatre-vingt-neuf
Quand nou Patron a publié
Qu'on allo fair' un' biell' fiête
A l'honneur des vieux ouveuriers.
Infin ch'est bien décidé
Qu' cha va s' faire l' vingt janvier ;
Au « *Catiau* », tous réunis,
A tros heures on qu'minch'ra l' plaisi.

REFRAIN

Mes amis, pour cheull' biell' fiête,
Que d' tout temps chacun répète
L' canchon des vieux Compagnons. *(Bis.)*

2e COUPLET

A chinq heures, les jus finis,
Ch'est à ch' tit qui sarot ressué,
Et nous avons teurtous dit
Qu'on s' rappell'ra du vingt janvier.
L' Patron a donné des prix
A les grands comm' à les p'tits.
Ch'est là qu' tous les instrumints
Ont jué l'air du « *P'tit Quinquin* ».

3e COUPLET

Pour donner les récompinses,
On nous a tous rassimblés.
Les Patrons, Dieu, quand j'y pinse,
Qu' leu discours étot' bien faits !
Surtout pour no bon doyen,
Ch' t' homme i a toudi fait bien,
Et l' sous-doyen, ch' qui a dit,
Nous l'avons teurtous applaudi.

4e COUPLET

Et v'là qu' j'arrive su l' théâte
On m' passe eun' *monte* à min cou,
La musique ju eun' aubate
Et nous a fait rire teurtous.
Là j'ai qu'minché m' canchonnette
Et au r'frain tout l' monde répète.
Et l' pu grand applaudich'mint
Ch'est in imbrassant l' vieux doyen.

5e COUPLET

Et v'là qu'à table nous s'mettons ;
Nous sommes teurtous éblouis ;
Mi j' dis à mes compagnons :
J' n'ai jamais vu cha d' la vie !
Bouilli, gigot et gambon
Et du vin à discrétion,
Dessert, tout et qu'cétéra
On a tous eurnoncé d'su l' plat.

REFRAIN

On s' rappell'ra d' cheull' biell' fiète
Et, d'après ch' que nous dit nou maîte,
Din six ans l'on r'comminchera. *(Bis)*

www.ingramcontent.com/pod-product-compliance
Ingram Content Group UK Ltd.
Pitfield, Milton Keynes, MK11 3LW, UK
UKHW020456180726
13839UKWH00004B/1815